教室でチャレンジ!

エスディージーズ
SDGs

ワークシヨップ

⑤ SDGsタギングに挑戦
さがそう! 身近なSDGs

著/稲葉茂勝

はじめに

　最近よく聞くようになった「ワークショップ」という言葉は、もともと英語の workshop からきたもので、「作業場」「仕事場」という意味です。それが、いまでは「あるテーマにしたがって、みんなが主体的に課題を体験しながら学ぶ場所」という意味でつかわれるようになりました。

　そこでぼくは、①折り紙　②ポスター　③絵手紙・かるた　④新聞　⑤タギング　といった作業を体験しながら、SDGsをより深く学び、そして、みんなでひろめていくための「SDGsワークショップ」をしようと考え、小学校や地域のイベントなどさまざまな場所で実践してきました。

　ぼくは、この本をつくる前に「SDGsのきほん　未来のための17の目標」全18巻、『これならわかる！SDGsのターゲット169徹底解説』『教科で学ぶSDGs学』など、SDGsに関する本を30冊以上書いてきました。なぜなら、SDGsについてみんなに知ってもらいたいことがたくさんあったからです。

　そして今回は、「SDGsワークショップ」を開いたり、本を書いたりしてみんなに学んでもらうだけではなく、SDGsをひろめていくための5つの提案をさせていただきます。

1 はじめてのSDGs 折り紙からはじめよう
2 SDGsポスターをかこう
3 SDGs絵手紙・かるたをつくろう
4 SDGs新聞をつくろう
5 SDGsタギングに挑戦 さがそう！身近なSDGs

　この本を手にとってくれたみんなは、SDGsについてたくさんのことを知っているでしょう。でも、この本ではSDGsについてぼくなりの説明をしますので、みんなの知識を確認し、よりしっかり定着させてください。そのために、「Q（クイズ）」を入れたり、「ものしりコーナー！」をつくったりと、さまざまなくふうを試みました。

　SDGsの17の目標達成のための努力は、だれ一人として、しないわけにはいきません。それは、「自分だけが感染症にかからない」「戦争が起こっても巻きこまれない」などといえないのと同じです。

　みんなで努力をしていかないと、地球は、世界は、人類は、持続不可能になってしまいます。人類を持続可能にするために、みんなで目標達成に向けて努力しなければなりません。SDGsは、すべての人びとが達成のために努力すべき目標なのです。

子どもジャーナリスト
Journalist for Children　稲葉茂勝

もくじ

＊本文中に青い文字で示した用語を解説します。

1 いまさら聞けないSDGs

「SDGsはとてもたいせつなことだと思う。だから何かできることが
あればやってみたい。でも、何をすればいいのかわからない。」
みんなは、そんな気持ちでこの本を手にとったのではないでしょうか。

17個の目標の分類

この本では、SDGsの17個の目標が、経済
分野、社会分野、環境分野、そして「パート
ナーシップ」の合計4つの分野に分けられるこ
との確認からはじめましょう。

Q1
下の図は、SDGsの17個の
目標です。一番上は、目標17の「パー
トナーシップ」ですが、下のイラストの
①②③のところに入る言葉は、次のどれ
でしょうか？

ⓐ経済分野　ⓑ環境分野　ⓒ社会分野

> このイラストは
> SDGsの学習で、よく
> 知られているものだよ。
> このシリーズでは
> 1巻19ページなどにも
> 出ているよ。

p4-5
illustration presented by
Johan Rockström and
Pavan Sukhdev

よく見かけるイラストの意味

左ページのイラストに、クイズの答えとなる「経済分野」「社会分野」「環境分野」と「パートナーシップ」を書きこみました。そしてその下側に、地球の写真とともに1枚の円盤を配置しました。じつは、この円盤は、SDGsの目標が「環境分野」の4個の目標に包まれるかたちで「社会分野」の目標が8個あり、さらにそのなかに「経済分野」の4個の目標が包みこまれていることを示しているのです。このような円盤をイメージすることで、地球環境に包まれた人類は、そのなかで人間社会を形づくり、そこで経済活動をおこなっていることがよくわかります。

パートナーシップ

経済分野

社会分野

環境分野

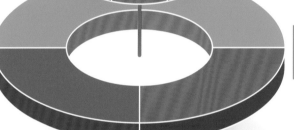

上に持ち上げると……

このイラストは、とても重要な意味をもっているんだ。だから、しっかり理解していこうね。

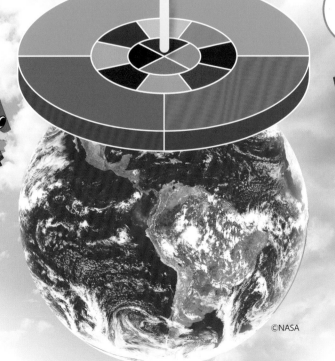

下の円盤は、上の3重のピラミッドを1つの面にしてえがいたものだよ。

©NASA

5

2 SDGsの経済分野の目標を確認しよう！

この本で紹介する「SDGsタギング」は、まちの経済活動と深く関係しています。そこで、まずはSDGsの経済分野の目標を確認しておきましょう。

SDGsの17個の目標

SDGsの経済分野の目標は、次の4個です。

- ●目標8：包摂的かつ持続可能な経済成長及びすべての人々の完全かつ生産的な雇用と働きがいのある人間らしい雇用（ディーセント・ワーク）を促進する。
- ●目標9：強靱（レジリエント）なインフラ構築、包摂的かつ持続可能な産業化の促進及びイノベーションの推進を図る。
- ●目標10：各国内及び各国間の不平等を是正する。
- ●目標12：持続可能な生産消費形態を確保する。

右のQ2は、クイズというより国語の問題だね。

Q2

①「包摂的」という言葉が、経済分野の目標8と目標9に出てきますが、下の国語辞典にはのっていません。もしのせるとしたら、どの見出し語のあとにくるでしょうか？

（答えは9ページ下）

ほうせき【宝石】图美しくて値打ちのある、かざりに使われる石。ダイヤモンド・ルビー・サファイア・エメラルドなど。

ほうせん【防戦】图動する敵や相手の攻撃を防いで、戦うこと。

ぼうせん【傍線】图動する字や文のわきに引いた線。サイドライン。「――を引く。」

ぼうぜん【呆然・茫然】副と あっけにとられてようす。图自然に立ちつくす。

ほうせつ【紡績】图羊の毛や綿などから、糸を作ること。

ぼうせつりん【防雪林】图ふぶきや、なだれなどの雪の害を防ぐために、家や鉄道の近くなどに作った林。

ほうそう【包装】图動する 品物を紙などで包むこと。荷造り。「――紙。」

ほうそう【放送】图動する① ラジオ・テレビ

②「包摂的」をカタカナ語にするとすれば、⑦⑦⑦のどれでしょうか。

⑦インクルーシブ　⑦エンパワーメント
⑦ダイバーシティ

③「包摂する」の反対語は⑦⑦⑦のどれでしょうか。

⑦解放する　⑦破棄する　⑦排除する

SDGsの5つの目標に登場！

「包摂的（→p36）」という言葉は、経済分野の目標8と9だけでなくほかの目標文にも登場する重要な言葉です。SDGsの英語の原文ではインクルーシブ inclusive がつかわれています。その意味は「ある範囲内に包みこむ」です。

●目標4 ：すべての人々への**包摂的**かつ公正な質の高い教育を提供し、生涯学習の機会を促進する。

●目標11：**包摂的**で安全かつ強靭（レジリエント）で持続可能な都市及び人間居住を実現する。

●目標16：持続可能な開発のための社会で**包摂的**な社会を促進し、すべての人々に司法へのアクセスを提供し、あらゆるレベルにおいて効果的で説明責任のある**包摂的**な制度を構築する。

包摂的？　インクルーシブ？

このシリーズでくり返し記しているとおり、「SDGsは、むずかしくてよくわからない」といわれることがよくあります。その理由が、「包摂的」や「インクルーシブ」など、あまり聞かない言葉がたくさん出ているからです。でも、それらの言葉も、けっして理解できないものではありません。

> 辞書にのっていない言葉の意味を理解するのはたいへんだけど、SDGsでは重要な言葉だよ。
> インターネットで「インクルーシブ」を検索すると、言葉の意味はもちろん、関連する活動もたくさん見つかるよ。調べてみてね。

障がいがある人・ない人がいっしょにインクルーシブな公演活動をする「こどもの城合唱団」が、SDGsワークショップを受けたときのようす。まず、SDGsのロゴマークがうらにかかれたカードでゲーム。同合唱団の吉村温子先生は「障がいのあるなし関係なくSDGsについて知ってほしい。目標達成のために一生懸命な本物の大人に出会ってほしい」と話す。

3 そもそも「タギング」って何だろう？

「タギング」とは、一般に、ファイルや情報に「タグ（tag）」とよばれる短い単語や言葉をつけて整理することをいいます。でも、この本の「SDGsタギング」は、それとはちがいます。さて、どんな「タグ」で、どうすることなのでしょうか？

商品についている小さな紙

そもそも「タグ」といえば、衣料品などについている小さな札を思い出す人が多いでしょう。ひもなどでつけられているその札は、「下げ札」「付け札」ともよばれます。値札もタグの一種です。そうしたタグには、大きさや材質、価格など、その商品についてのさまざまな情報が書かれています。

あの紙を「タグ」とよぶこと、まして衣料品についている札を「下げ札」ということなど、はじめて聞いたという人も多いんじゃないかな？
そのタグは、商品にひもなどでつけられているけれど、この本で紹介するSDGsタギングは、ひもでつけるのではないよ。
では、どうするのかな？
ヒントは「ハッシュタグ」だよ。

「ひもづける」

「ひもづける」という言葉があります。これは「2つ以上のことがらのあいだにつながりをもたせる」という意味で、もともとは、コンピューター上にある2つ以上のデータを相互に関連づけたり連結したりすることをさす言葉でした。最近では、この「ひもづける」という考え方が広く知られるようになり、とくにSNS（→p36）などでは、キーワードに「#*」をつけて、2つ以上のことがらを「ひもづける（関連づける）」ことがひんぱんにおこなわれるようになりました。この行為を「タグづけする（タグづけ）」ともいいます。

*「#」はもともと、そのうしろに番号が続くことを示す記号。日本語では「井桁」とよぶ。音楽で、半音高くすることを示す「#」（シャープ）とは別の記号。

#おしゃれ

人気投稿

\#

SNS上で記号「＃」をつける

最近SNS上で、「＃」がついたキーワードがよく見られます。「＃」は「ハッシュタグ」とよばれます。＃を頭につけたキーワード*（「＃ 東京駅」など）とともにSNSに投稿されたコメントや写真は、タグのついた商品のようなものです。実際の商品につけられているタグと同じように、SNSに投稿する際につけられているのです。

なぜ「＃」をつけるのでしょうか？ それは、キーワードに「＃」をつけて入力することで、同じキーワードがついた投稿どうしがひもづけられる（つながる）ことになるからです。

最近では、多くの人がこのしくみをあらゆる情報交換に利用するようになりました。ツイッターやインスタグラムに、＃つきのキーワードとともにコメントや写真を投稿すれば、「＃」をつけない場合とくらべて、同じ興味・関心をもつ人に見てもらいやすくなるためです。また、インターネットで情報を調べるとき、頭に「＃」をつけたキーワードをつかうと、よりしぼりこまれた情報が検索されるといいます。

＊ ＃を頭につけたキーワード全体を「ハッシュタグ」とよぶこともある。

＃東京駅

検索！ 投稿！

＃東京観光

＃tokyo

ものしりコーナー！ 「＃」をつけるキーワードが重要

コメントや写真をSNSで多くの人に見てもらいたいなら、まず、撮影場所、日時、タイトル、ジャンル名など、関連するキーワードをなるべくたくさん選び出すこと。そして、そうしたキーワードに「＃」をつけてコメントや写真などとともに投稿するとよいという。ただし、1つの投稿に対して、＃つきキーワードが多すぎるのはよくない。

次に、日時などの基本的なことがらだけでなく、キーワードにする言葉に変化をもたせると、さらに見てもらいやすくなるという。たとえば、その写真を撮影したときの気持ちや、撮影する理由などだ。海外への広まりも意識して、キーワードを短い英語にすると、より多くの人に見てもらえる可能性が高くなるといわれている。

4 「SDGsタギング」とは

8〜9ページでは、「ひもづける」の意味やSNS上の「ハッシュタグ」について見てきましたが、ここからは、いよいよ「SDGsタギング」の話をします。

国連のロゴマークをつかって

実際の商品についている下げ札（付け札）や値札（タグ）には、いろいろな種類がありますが、SDGsタギングでは、国連のつくったSDGsの17個のロゴマーク（→1巻p5）をつかって、ひもづけをしてみましょう。

●SDGsの17個のロゴマーク

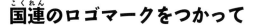

「SDGsタグ」づけの対象物とその方法

8ページで「ひもづける」ということの意味を記しましたが、SDGsタギングでは、SDGsの17個のロゴマークを何にひもづけるというのでしょうか。じつは、これがこのワークショップの重要ポイントなのです。

一言でいうと、みんなが、「これはSDGsの目標○番と関係する」と考えるものや取り組み（「対象物」とよぶ）と、その目標番号を「ひもづける」のです。それが、「SDGsタギング」です。

具体的にはどうすればいいのでしょうか？ ズバリ、SDGsのロゴマークをその対象物といっしょに写真に撮影するのです。手に持ったSDGsの目標のロゴマークが対象物といっしょにうつるようにうまくあわせて撮影します。撮影は、一人でもできますが、何人かで、また、まちの商店や会社、工場などの人に協力してもらってやるとなおよいでしょう。

対象物を決めた「理由」を書く

写真をとるだけではありません。次のことをするのが、SDGsタギングです。

①自分が見つけた対象物が、なぜその目標番号と関係するのかを書く。
②キーワードを選び、「＃」をつけてSNSに写真を投稿する。

②については、くわしくは34ページを読んでください。ただし、やらなくてもかまいません。

①は、SDGsについてより深く学ぶことが目的です。
②は、SDGsタギングを広く拡散することが目的です。

#SDGs
#目標7
#太陽光発電

#SDGs
#目標13
#緑のカーテン

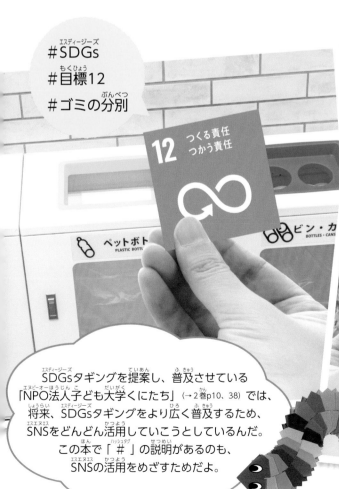

#SDGs
#目標12
#ゴミの分別

SDGsタギングを提案し、普及させている「NPO法人子ども大学くにたち」（→2巻p10、38）では、将来、SDGsタギングをより広く普及するため、SNSをどんどん活用していこうとしているんだ。この本で「＃」の説明があるのも、SNSの活用をめざすためだよ。

1 家や学校でSDGsタギングをしよう

> 12〜18ページの作例は、撮影した場所ごとに分けて紹介しているよ。

ここから、「SDGsタギング」がまちの経済活動と深く関係していることを具体的に見ていきますが、まちに出る前に、まず練習！ SDGsに関する取り組み（対象物→p10）を家や学校でさがしてみましょう。

家で見つけるSDGs

キッチンやリビング、トイレ、洗面所、風呂場、自分の部屋、ベランダ、庭など、家のなかでSDGsに関する取り組み（対象物）がないかさがしてみましょう。一人でさがしてもよいですが、家族といっしょにさがすともっとよいでしょう。もしかしたら、お父さんやお母さんが、みんなが気づかないことを見つけてくれるかもしれません。

> 12〜18ページで紹介するSDGsタギングは、東京都国立市立国立第三小学校の子どもたちがおこなったSDGsタギングだよ。みんながどんなことを考えてその写真をとったのかも書かれているから、よく読んでみてね。

リビング

ぼくが撮影したのは、リモコンのボタンにある小さな出っぱりです。目の見えない人でも操作できるようにくふうされ、だれもが平等につかえるようになっているので、目標10を選びました。

キッチン

これは、洗い物についた油をすいとってくれるパッド。これをつかって油をそのまま排水溝に流さないくふうをして、海をよごさないようにしたいです。

洗面所

洗剤などのつめかえ商品です。つめかえ商品のパックは、もとの容器よりごみになるプラスチックが少なくてすむそうなので、目標12を選びました。

学校で見つけるSDGs

　次は少し範囲をひろげて、学校でSDGsタギングに挑戦した例を見てみましょう。身近なところにも、SDGsへの取り組みがたくさん見つかります。

学校の水道には、節水ができるキャップがつけられています。ふだんから、水のつかいすぎには気をつけたいです。

教室

これは、あまった木でできたえんぴつです。木をつかいきることで、資源をむだにしないですみます。

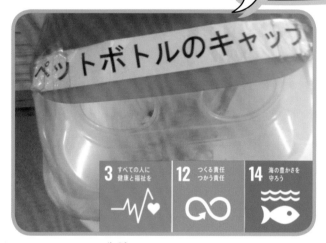

ろうか

ぼくは、学校にあるペットボトルキャップのリサイクルボックスを撮影しました。集めたキャップは、回収業者さんが買い取ってくれます。そのお金を寄付することで、世界の子どもたちにワクチンをとどけられるしくみになっています。

学校行事

今年の運動会では実行委員の発案で、SDGsのジェンダー平等を考えて徒競走が男女混合でおこなわれました。男女別べつでおこなうより平等性がたもてて、いつもより楽しんで走ることができました。

図書室

ここは、学校の図書室です。わたしが図書室を選んだ理由は、だれでも自由につかえて、すべての人が教育を受けられる場所だと思ったからです。

2 まちに出て さがそうSDGs

いよいよ本番！ まちに出てSDGsの取り組み（対象物）をさがしてみましょう。みんなの住むまちでは、どのくらい見つかるでしょうか？

> ここで紹介するSDGsタギングを参考にしてみんなもどんどんSDGsタギングをやってほしいな。

見なれた景色のなかに

SDGsの取り組みをさがしてみると、毎日の通学路や通いなれた商店、施設のなかにも、さまざまな発見があります。

花や木がたくさん植えてある場所に、目標11と目標15をタグづけしました。こうした植物は、地球温暖化の原因となる二酸化炭素を吸収してくれます。まちの雰囲気も明るくなるのでいいなと思いました。

歩道

これは、点字ブロックがあることを示す標識です。障がいのない人がこの絵を見ることで、近くに点字ブロックがあることを意識することができます。目標10や目標11につながると思いました。

家の近くの歩道です。右の緑地帯のさらに右に自転車道があります。歩道と自転車道が分かれているので、みんなが安心してつかうことができます。

14

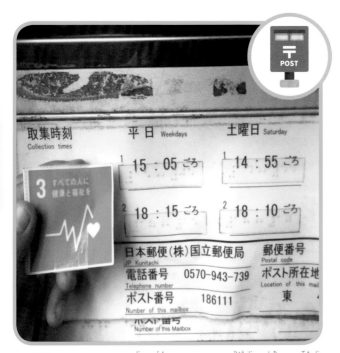

ポストの「○時○分ごろ」という表示の下に、点字があるのを見つけました。目の見えない人にもわかりやすいのがいいなと思い、目標3を選びました。

これは、「カーシェアリング」といって、1台の車をみんなでつかうしくみです。車の使用台数を減らすことで、排気ガスを減らすことができます。車が減れば、二酸化炭素の排出量が少なくなります。

この自動販売機は、節電対策で冷やす時間を短くしても冷たい飲料を提供できるようになっています。電力を削減することで二酸化炭素の排出量を減らし、ひいては気候変動をおさえることができます。

この看板には、「まちを大事にしたい」という思いが感じられるので、目標11を選びました。みんなで心地よく住み続けられるまちにできるよう、ぼくもふだんから心がけていきたいです。

いろいろなお店でさがす

このシールは、盲導犬といっしょに入ってもいい施設であることをあらわしています。わたしは、盲導犬を連れていてもすべてのお店に自由に入れるものと思っていましたが、そうではなかったことをこのシールを見て知りました。盲導犬を連れているだけでお店に入れないのは、おかしいと思います。このシールのあるお店がもっと増えて、だれもが安心してお店に入ることができるようになればいいなぁと思いました。

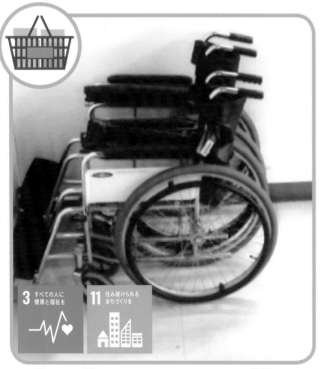

この車いすは、スーパーマーケットの店内にありました。障がいのある人やけがをしている人などが、快適に買い物できるのがいいと思いました。

お店の入り口

お店の入り口の手すりに、ブザーがありました。これを押すと、お店の人が出てきて、車いすの人がスロープをのぼるのを手助けしてくれるそうです。こうした配慮がひろまると、だれにとっても住みやすいまちになると思いました。

SDGsタギングをすると、お店ごとのいろいろなくふうに気づけるんだね。

市民と学生が運営している市民参加型のお店です。ここでは、だれもが出品することができて、手づくりの雑貨やリサイクル用品が売られています。目標12に貢献していると思いました。

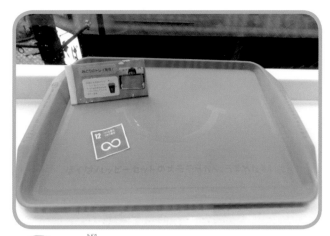

 この緑のトレーは、ハンバーガーショップにあったものです。メニューにおまけとしてつけているおもちゃを回収・リサイクルして再生したトレーだそうです。

 このお店では、手話で注文することができます。また、ここでは、耳が聞こえず、声で話すことがむずかしい人も、手話や身ぶり、指でメニューをさし示すことで接客をするなどして働いてます。同じ障がいのある人もつかいやすい店だと思いました。

 このコーヒーショップではプラスチック製のストローではなく、紙製のストローをつかっています。プラスチックごみを削減できるので、目標12「つくる責任つかう責任」につながると思います。

 この野菜は、すべて市内の農家から送られてきている地産地消商品です。地元で生産されたものを地元で消費するので、配送距離が短く、車の排出ガスが少なくなり、目標13「気候変動に具体的な対策を」につながるよい取り組みだと思いました。

 衣料品店に置いてあった衣類のリサイクルボックスに目標12のロゴマークをタグづけました。SDGsの達成目標年である2030年までに、たくさんのお店が、こうしたリサイクル活動に取り組んでいってほしいです。

公共施設でさがす

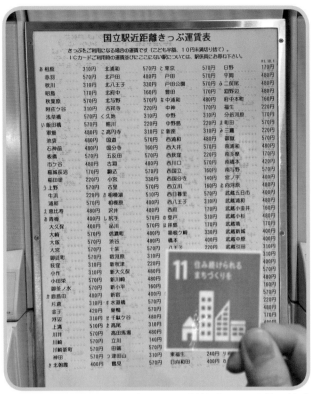

 これは、点字が打ってある運賃表です。日本は目標11が進んでいてすごいなと思いました。

駅

 この駅の精算機には、日本語以外に英語、中国語、韓国語が表記されています。海外から来て日本に住む人が、安心してくらせるくふうだと思いました。ぼくが外国に行ったとき、日本語表記があったら、安心できるなと思います。

図書館

 これは図書館のエレベーターです。目の見えない人がわかりやすいように点字が打ってあり、また、車いすの人でもつかいやすいようによびだしボタンが低い位置にあります。目標11「住み続けられるまちづくりを」への取り組みの1つだと思いました。

市役所

 市役所のトイレにあった、古紙をリサイクルしてつくったトイレットペーパーです。小学校や中学校などで集めた古紙を再生利用するというくふうがおもしろいと思いました。これからもこのようなくふうを見つけたいです。

みんないろんなことに気がついてすごいね。SDGsタギングをすると、まちのいいところを再発見することにもつながるんだね。

❗ まちでSDGsタギングをするときの注意点

●商店や施設のなかには、勝手に撮影してはいけないものがある。店内や施設内で写真をとる際には、事前に店の人や施設の人に許可をとることをわすれないように。

●商店や施設の人などに話を聞きたい場合、相手が仕事中であることをわすれてはいけない。どうしても聞きたいことがあるときは、「いま、よろしいですか？」とたずねてから質問すること。

●人の話をボイスレコーダー（→下）で録音する場合や人の写真をとる場合は、必ず相手の許可をとってからにすること。

❗ まちでSDGsタギング！　その前に……

　ここでは、まちに出てSDGsタギングをする際につかうと便利な用具を紹介します。カメラを持っていくのは当然のことですが、そのほかにも、あるとべんりな用具があります。しっかり準備をしてから出かけましょう！

> ここで紹介した用具のなかには、スマホやタブレットに入っているアプリで代用できるものもあるよ。

デジタルカメラ
軽くて持ちやすいものがよい。メモや筆記用具なども持ちあるくので、つかわないときは両手があけられるよう、首から下げられるひも（ストラップ）をつけておく。

スマホ（スマートフォン）

ボイスレコーダー
人の話や説明を音声で記録することができる。

筆記用具
まちの人に聞いた話や、気づいたことをメモするために必要。ノート、えんぴつのほか、上のようなボードやバインダーがあると、立ったまま書けるのでべんり。

地図
市街地図や観光マップなどがあると、SDGsタギングの対象物をさがしながら、まちなかのふだん行かないところを散策するのに役立つ。

アクティブ・ラーニング＝「主体的・対話的で深い学び」

近年、学校では、教科の時間でも、総合学習の時間でも「アクティブ・ラーニング」という学習法がさかんに取り入れられています。じつは、そのアクティブ・ラーニングがSDGsの学習にとっても最適だといわれているのです。

アクティブ・ラーニングのポイント

「アクティブ・ラーニング」という学習法では、「主体的・対話的で深い学び」をおこなうのが重要だといわれています。「ラーニング」は、学習の意味。「主体的」は、英語の「アクティブ」を訳したもの（「能動的」とか「積極的」という意味にも訳される）で、「自ら進んで」ということです。

文部科学省では、アクティブ・ラーニングの方法としてグループ・ディスカッション、ディベート、グループ・ワークなどをあげ、それらをおしなべて、「主体的・対話的で深い学び」といっています。

「学び」という言葉は、「勉強」と似ていますが、似て非なるもの。「勉強」が正解があるものを学習することが多いのに対し、「学び」は「知識を習得することにとどまらず、それを活用して自ら探究すること」だといわれています。

●ラーニング・ピラミッド

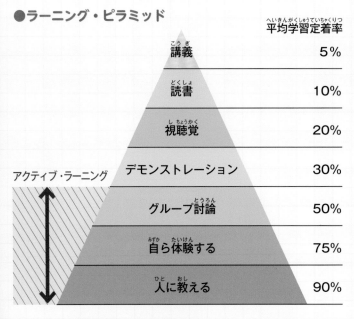

	平均学習定着率
講義	5%
読書	10%
視聴覚	20%
デモンストレーション	30%
グループ討論	50%
自ら体験する	75%
人に教える	90%

アクティブ・ラーニング

出典：アメリカ国立訓練研究所「平均学習定着率調査」より

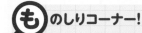のしりコーナー！

文部科学省の定義

文部科学省では、児童・生徒の学びをさらに深くしていこうとして、「アクティブ・ラーニング」という学習法を提唱。その定義は次のとおり。

「教員による一方向的な講義形式の教育とは異なり、学修者の能動的な学修への参加を取り入れた教授・学習法の総称」とし、その上で「学修者が能動的に学修することによって、認知的、倫理的、社会的能力、教養、知識、経験を含めた汎用的能力の育成を図る。発見学習、問題解決学習、体験学習、調査学習等が含まれるが、教室内でのグループ・ディスカッション、ディベート、グループ・ワーク等も有効なアクティブ・ラーニングの方法」と述べられている。

この文にある「学修者」とは、児童・生徒のこと。でも、「学習」ならわかるが、「学修」は、見たことがないという人がほとんどだろう。学習と学修のちがいについては、次のとおり。

・学習：文字のとおり「習い学ぶ」こと。教えられることを学ぶという感じが強い言葉。

・学修：文字のとおり「学問を修める」＝「学問を身につける」こと。

学修は、教えられることだけではなく、自らが進んで勉学するという感じの言葉。このため、自ら進んでということを重視するアクティブ・ラーニングの説明には、「学修」がつかわれている。

左の図は、授業で学習した内容を半年後にどのくらい記憶しているかについて、学習形態別に分析して図式化したもの。「ラーニング・ピラミッド」とよばれている。

これを見ると、一方的な講義や読書などよりも、グループ討論、直接体験（体験学習）、人に教える（プレゼンテーション）などの学習方法のほうが学習内容の定着に効果があることがわかる。

アクティブ・ラーニングが最適な理由

　左ページで、「SDGsの学習にはアクティブ・ラーニングが最適」と記した理由は、次のとおりです。

　全人類の目標であるSDGsは、すべての人が取り組まなければ達成することができません。SDGsは2015年に発表されましたが、その前身のMDGs（2000年発表）の目標数は8個。開発途上国に強く関係する目標ばかりでした。しかし、たとえば貧困は、開発途上国だけでなく先進国にも存在し、「貧困をなくそう」という目標は全人類に必要です。こうしたことから、SDGsは、先進国にとっての、ひいては全人類の目標とされたのです。目標の数も、8個から2倍の16個となり、さらに17番目の目標として「パートナーシップで目標を達成しよう」が加えられました。それは、次のような理由からです。

> ●SDGsはそもそもすべての人が努力するもの・SDGsを学習するのもみんなでやるべきもの
> ●パートナーシップで実現していくもの

　よって、SDGsは「学修者の能動的な学修への参加を取り入れた教授・学習法」（→左ページ）、すなわち、アクティブ・ラーニングで進めていくのがベストだといえるわけです。

SDGsの取り組み（対象物）

　10ページで、SDGsタギングは、「『これはSDGsの目標○番と関係する』と考えるものや取り組み（対象物）とその目標番号をひもづける」ことだと書きました。「取り組み」を「対象物」と記した理由は、次のとおりです。

　SDGsの取り組みであることが明確な場合には、SDGsの取り組みをその目標番号とひもづければいいのですが、SDGsの取り組みかどうかわからない場合や、自分はSDGsの取り組みだと思っていても、ほかの人にはわかりづらい場合があります。そのため、自分がさがしたものの総称として「対象物」という言葉をつかったのです。「対象物」をさがすときには、お店の人に次のように質問するなどして、理解を深めるとよいでしょう。

> ●どんなSDGsの取り組みをしていますか？
> ●SDGsの目標と関係ある商品はありますか？
> ●ここでつくっているものは、SDGsの取り組みとどんな関係がありますか？

　これこそがまさに「主体的・対話的で深い学び」、すなわちアクティブ・ラーニングです。

自分一人でわかったつもりになっていても、人に説明してみたらうまくいえなかったとか、ほかの人の話を聞いたら、自分の気づかなかったことがわかったとか、そういうことがよくあるよね。この本で見てきたSDGsタギングをとおして、SDGsについて「深い学び」をしてほしいな。

商品とSDGsのつながりを直接お店の人に聞いてみよう。

3 パートナーシップで SDGs(エスディージーズ)タギングを

12ページでも記(しる)したように、SDGs(エスディージーズ)タギングは
みんなで取(と)り組(く)むと、よりよいと考(かんが)えられます。
なぜなら、みんなでやるということは、SDGs(エスディージーズ)目標(もくひょう)17の「パートナー
シップで目標(もくひょう)を達成(たっせい)しよう」と同(おな)じ考(かんが)え方(かた)だからです。

みんなで学(まな)ぼう

当然(とうぜん)のことですが、SDGs(エスディージーズ)の目標(もくひょう)を達成(たっせい)するには、まず「SDGs(エスディージーズ)とは何(なに)か?」をしっかりと理解(りかい)しておく必要(ひつよう)があります。この本(ほん)を読(よ)んでいるみんなは、学校(がっこう)で勉強(べんきょう)する機会(きかい)がありますが、大人(おとな)はそうではありません。もしかすると、大人(おとな)のほうがよくわかっていないかもしれないのです。

家(いえ)やまちでSDGs(エスディージーズ)タギングをするとき、家(いえ)の人(ひと)とSDGs(エスディージーズ)の17の目標(もくひょう)について話(はな)しあいながらSDGs(エスディージーズ)の取(と)り組(く)み(対象物(たいしょうぶつ))をさがしたり、お店(みせ)の人(ひと)にSDGs(エスディージーズ)の目標(もくひょう)との関連性(かんれんせい)について質問(しつもん)してみたりと、いろいろな大人(おとな)に協力(きょうりょく)してもらいながら取(と)り組(く)んでみてください。

そうすることで、まわりの人(ひと)がSDGs(エスディージーズ)を知(し)ることになります。SDGs(エスディージーズ)の目標達(もくひょうたっ)成(せい)のために行動(こうどう)しようとする人(ひと)も出(で)てくるでしょう。

用意(ようい)しておいた資料(しりょう)を手(て)わたしてお店(みせ)の人(ひと)に見(み)せながら質問(しつもん)しよう。こうすると、お店(みせ)の人(ひと)も答(こた)えやすい。

みんなで共有しよう

SDGsタギングの写真は、みんなで見せあいながら、おたがいに気づいたことや感想などを話しあってみる（アクティブ・ラーニング→p20）と、新たな発見があるものです。同じ対象物を写真にとったとしても、人によってタグづけしている目標番号がことなるかもしれません。

「なぜ、この写真に目標○番をタグづけしたの？」「この写真なら、目標○番もタグづけできると思うよ！」などと意見交換することで、SDGsについての理解が深まります。SDGsの目標達成のために、今後どんな取り組みや活動をしていけばいいかなどを話しあうようにすれば、さらによいでしょう。

まちの楽器店でお店の人に話を聞きながら、SDGsの取り組み（対象物）をさがす。

そう！
みんなのSDGsタギングを
SNSに投稿することもできるよ。
もちろん「 # 」をつけてね。
これについては11ページを
もう一度読んでごらん。

⚠️ SNSに写真を投稿するときの注意点

● 商店の人などといっしょにうつった写真をSNSに投稿するときは、事前に許可をとること。不特定多数の人が見るSNSに、かってに人の写真をのせてはいけない。

● 知らない人の顔がうつりこんだ写真は投稿しない。

● 「○○店の××さん」のように、投稿文に個人名をのせないこと。写真と同様に、その人のことを紹介したい場合は、事前に許可をもらうこと。

● 投稿する写真に、自分やほかの人の名前、住所、電話番号、生年月日といった「個人情報」がうつっていないか確認すること。

4 みんなのつくった ポスターをはってもらおう

ここまでは、国連のつくったSDGsのロゴマークをSDGsの取り組み（対象物）にひもづけるやり方を見てきましたが、ここでは、みんながえがいた「SDGsポスター（→2巻）」をつかった「SDGsタギング」を紹介します。

より具体的に考える

国連のつくったロゴマークは、目標12「つくる責任つかう責任」というように、その目標のテーマ（→1巻p4）が書かれたものです。でも、身近にあるSDGsの取り組み（対象物）は、もっと具体的なものばかりです。

そこで、ロゴマークのかわりに、「食料を廃棄しないようにしよう」などの具体的な目標を考え、絵にえがいた「SDGsポスター」をオリジナルでつくって、自分でさがしたSDGsの取り組み（対象物）とひもづけてもよいでしょう。

ポスターのつくり方は、このシリーズの2巻にあるよ。また、「食料を廃棄しないようにしよう」などは、「やめよう！　食料廃棄」「食べ残しをやめよう」のように、リズムのある標語にしてかき入れてもいいね。このことについては、3巻を読んでみよう。

この楽器店では、リサイクルしたピアノを多く販売しているので、目標12「つくる責任つかう責任」のSDGsポスターをタグづけ。再利用して、ごみを減らすことはターゲット12.5（→p33）に関係している。

飲食店には、目標12をえがいたポスターをタグづけ。残さず食べることは、ターゲット12.3（→p33）にうたわれている「フードロス削減」につながる。フードロスとは、食べられるにもかかわらず廃棄される食品のこと。

ポスターでSDGsタギングをしよう

そもそもポスターというのは、柱や壁などにはるもの（→2巻p5）ですから、まちに出て、はる場所をさがしてみるといいでしょう。でも、ポスターは好きなところにかってにはってはいけません。その場所の関係者にちゃんと理由を説明して、はらせてもらうのです。SDGsの取り組み（対象物）をおこなっている商店などに連絡して、許可をとる必要があります。

20〜21ページで「SDGsの学習にはアクティブ・ラーニングが最適」だと記しましたが、じつは、ここに記しているようなやり方で、SDGsタギングをおこなっていけば、それはそのままアクティブ・ラーニングになるのです。

❗ポスターでSDGsタギングをする手順

①SDGsの取り組み（対象物）をおこなっている商店や会社をさがす。

②①の場所の関係者に話を聞いて、SDGsに関係する取り組みとしてどんなことをおこなっているかを理解する。

③②で理解したことをもとに、SDGsポスターをつくる。

④①の場所にSDGsポスターをはらせてもらい、その前で写真をとる。SDGsポスターの下に、趣旨、内容、なぜその目標番号に関係するかなどを書いた紙をはっておいてもよい。

※自分で調べたことをもとに、先にSDGsポスターをつくってから、その内容にあう取り組みをおこなう商店をさがしてもよい。

この手順が、まさにアクティブ・ラーニングだよ。文部科学省のいう「主体的・対話的で深い学び」そのものなんだ！

公平・公正な価格で輸入されたフェアトレード（→p36）バナナを売っているので、目標10をタグづけ。フェアトレードは目標2や目標8などいろいろな目標に関係する。

古い宝石をリサイクルして新しくするのが得意な宝石ショップ。同時に、店主は地域商店街を活性化させるためいろいろなイベントの実施に力を入れている。

廃油からできた石けん、自然由来の洗剤、無農薬野菜などを売る店。水をよごさないことは山も海も守ることにつながる。

「キャリア教育」とは

「アクティブ・ラーニング」に続いて、次は「キャリア教育」という、いま、学校でさかんにおこなわれている学習について紹介します。なぜなら、「アクティブ・ラーニング」と「キャリア教育」は、ともにSDGsタギングと関係しているからです。

キャリア教育の流れ

「キャリア教育」という言葉が正式につかわれるようになったのは、文部科学省が1999年12月におこなった「中央教育審議会（→p36）答申」のときでした。そこでは、「キャリア教育を小学校段階から発達段階に応じて実施する必要がある」「キャリア教育の実施に当たっては家庭・地域と連携し体験的な学習を重視するとともに各学校ごとに目的を設定し教育課程に位置付けて計画的に行う必要がある」とされました。

その後、これを受けてキャリア教育に関する調査研究がはじまり、「職業観・勤労観を育む学習プログラムの枠組み」が示されたのです。そのめざすところは「若者が自らの可能性を高め、挑戦し、活躍できる夢のある社会」です。政府、地方自治体、教育界、産業界が一体となった取り組みが必要であるといわれるようになりました。

こうしたなか、学校では、キャリア教育として、つきたい職業、やりたい仕事について調べるといった学習がはじまりました。仕事についての情報をインターネットや本・雑誌で調べたり、身近な大人に聞いてみたりする学習がさかんにおこなわれるようになったのです。

主体的に学習に取り組む態度

そうしたキャリア教育は、自らすすんでおこなうことが重要であるとともに、大人や先生にいわれてするのではなく、その仕事をよりよく知るにはどうしたらよいか、自分自身で考えることが重要だといわれました。じつは、ここで思い出されるのが、20ページで見たアクティブ・ラーニングです。もとよりキャリア教育では、実際にやって考える、意見を出しあって考える、わかりやすく情報をまとめなおすといったことが重要視されています。つまり、キャリア教育にはアクティブ・ラーニングがぴったりなのです。

21ページに、SDGsは「アクティブ・ラーニングで進めていくのがベスト」と記されていたよ。
また、25ページにも「SDGsタギングをおこなっていけば、それはそのままアクティブ・ラーニングになるのです」とあったね。
「キャリア教育にはアクティブ・ラーニングがぴったり」というのなら、SDGsタギングをおこなうことはキャリア教育にもつながるというわけなんだ！

職業インタビュー

　キャリア教育としてよくおこなわれているのが、働いている人に直接話を聞く「職業インタビュー」です。「お父さんはサラリーマン」とか「お姉さんは衣料品店の店員」という具合に、家族の職業についておおよそのことしか知らないという人が意外に多いようです。キャリア教育の第一歩は、直接家族にインタビューすることかもしれません。

　職業インタビューでは事前に右のような「インタビューの例」をつくっておくとよいでしょう。

家族の職場訪問

　夏休みなどの、学校が休みの平日を利用して、身近な大人の働いているところへ訪問して、職場を見学させてもらうことも、学校でよくおこなわれているキャリア教育です。実際の職場を見ると、インタビューだけではわからないことが、見えてくるといいます。

　職場を訪問させてもらうときには、なぜ見学したいのかを大人にしっかり説明して、理解してもらうことがたいせつです。また、実際の仕事を体験させてもらう「職場体験」も広くおこなわれています（→p28-29）。

●インタビューの例

・仕事の内容をくわしく教えてください。

・職場はどこにありますか？

・仕事の時間帯を教えてください。

・この仕事についた理由は何ですか？

・この仕事には、条件や資格が必要ですか？

・仕事のいいところ、好きなところは？

・仕事でたいへんなことは？

・仕事でどんなことを心がけていますか？

・仕事について家族に知らせたいことは？

・仕事のやりがいは何ですか？

・この仕事のほかにやりたかった仕事は？

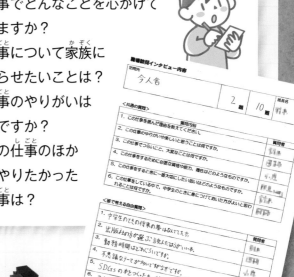

> 多くの大人は、いま、学校で「キャリア教育」がさかんにおこなわれていることを知らないかもしれないよ。だから、職場訪問をお願いするにしても、キャリア教育についてちゃんと説明できるようにね。

5 中学生の職場体験で、SDGsタギングをしよう！

ここでは、キャリア教育の例として代表的な「職場体験」を利用したSDGsタギングを紹介します。

職場体験とは

文部科学省は、「職場体験」について「生徒が事業所などの職場で働くことを通じて、職業や仕事の実際について体験したり、働く人々と接したりする学習活動」だと定めています。職場体験が必要となってきた背景には「子どもたちの生活や意識の変容、学校から社会への移行をめぐる様々な課題、そして、何よりも望ましい勤労観、職業観を育む体験活動等の不足」があるとしました。下のように、職場体験はほとんどの公立中学校でおこなわれています。

●職場体験の実施率

	2016年度	2017年度	2018年度
公立中学校	98.1%	98.6%	97.7%
国・私立中学校	64.0%	61.3%	60.5%

※2018年度は11の県と8つの政令指定都市で実施率100%。
※2019年度以降は新型コロナウイルス感染症拡大が実施率に影響するため、それ以前のデータとした。
出典：「職場体験・インターンシップ実施状況等結果」（国立教育政策研究所 生徒指導・進路指導研究センター）

いまさかんにおこなわれているキャリア教育のなかでも、職場体験は広くおこなわれているんだね。でも、そうした職場体験を利用してSDGsタギングをしようというのは、どういうことかな？　答えは、右ページにあるよ。このシリーズ「SDGsワークショップ」のなかでも、とくにユニークな提案だから、よりしっかり読んでほしいな。

また、文部科学省は、職場体験をおこなうことで、生徒にとっては下のような意義があると指摘しています。

- 自己の理解を深め、職業の実像をつかみながら、望ましい勤労観、職業観を身につけることができる。
- 学校の学習と職業との関係についての理解を促進することができる。
- 異世代間もふくめたコミュニケーション能力の向上がはかれる。
- 実際的な知識や技術を学ぶことができる。
- 社会的なルールやマナーを体得することができる。
- 地域や事業所に対する理解を深め、地元への愛着やほこりをもつことができる。

働いていく上で必要なマナーやコミュニケーションのたいせつさを学べてよかった。

働いて楽しいことやつらいこと、働くことの責任、いつも働いてくれている親への感謝など、たくさん学んだ。

かんたんに見える仕事でも、いろいろなことに気を配らないといけないことがわかった。

むずかしかったけれど、自分はこの仕事に向いていると思った。

職場体験の訪問先で

職場体験は、一般的に、訪問先である地域の商店や会社が学校に協力して、自社がおこなっている活動のなかで、生徒たちができることを体験させてくれるというものです。

マーケットでは、商品を売れるようにくふうしてならべたりレジを担当したり。製品をつくる工場では製造現場で働いたり……。でも、生徒の希望する体験が思いどおりにできるものではありません。なぜなら、その間、実際の仕事のじゃまになってしまうからです。それでも、地域の人たちが、みんなの教育のため、将来のために協力してくれているのです。もちろん、商店・会社・工場にとってもメリットがあります。文部科学省では右のようなメリットをあげています。

- 中学生に対する見方の変化
- 次世代をになう人材育成
- 企業の社会的役割の具現化
- 地域における企業価値の高揚
- 職場の活性化
- キャリア教育の具体的理解

子どもから家庭・地域へ

SDGsの目標達成は、すべての人の力でやっていかなければなりません。そのためには、SDGsを普及する必要があるのはいうまでもありません。その方法の1つに、「子どもから家庭・地域へ」ということが近年いわれています。そして、それがもっとも有効なやり方であるとも考えられます。なぜなら、児童・生徒は、学校でSDGsをしっかり学んでいるからです。SDGsについて、家庭の人が児童・生徒ほどしっかり勉強していることはほとんどないといっても過言ではありません。

SDGsを学び、理解したみなさんは、SDGsをどんどん普及する役目になっているのです。そこで、SDGsタギングをつかってSDGsを職場体験の訪問先に伝える活動をしてみてはどうでしょうか。具体的には、訪問先の商店・会社・工場であつかっている商品や製品、また、おこなっていること、職場のシステムなどについて調べ、それらがSDGsの取り組み（対象物）になっていると思ったら、SDGsタギングをしてみるというものです。訪問中に職場の人にSDGsのことを話したり、SDGsポスターをはらせてもらったりすることも考えられます。

新聞の専売店で、配達前の作業を体験する中学生。新聞ができる工程の説明も受けた。

くりかえしになるけれど、ここに書かれた具体的なことをやるには、主体的・対話的にやっていかなければならないね。すなわち、アクティブ・ラーニングを実践していくことなんだよ。そうすることで、みんなは、「深い学び」（→p20）ができるんだね。みんなにとって、いろんなことを学べるし、職場の人にとっても、SDGsを学ぶきっかけになるのだからとてもいいことではないかな。

写真：東京新聞
2022年11月23日朝刊掲載

1 経済分野のターゲットを確認しよう

シリーズ2～4巻同様にこの5巻でも、「役立ち資料」の最初はターゲット*の解説です。ここまで経済分野について見てきたので、ターゲットも同じ、経済分野を見ていくことにします。

*ターゲットとは、17個あるSDGsの目標のほかに、それぞれにつき平均10個ずつ、合計169個示された「具体的目標」のこと。くわしくは1巻8ページ。

SDGs目標8「働きがいも経済成長も」

●目標8のターゲット（外務省仮訳*）

8.1 各国の状況に応じて、一人当たり経済成長率を持続させる。特に後発開発途上国は少なくとも年率7％の成長率を保つ。

8.2 高付加価値セクターや労働集約型セクターに重点を置くことなどにより、多様化、技術向上及びイノベーションを通じた高いレベルの経済生産性を達成する。

8.3 生産活動や適切な雇用創出、起業、創造性及びイノベーションを支援する開発重視型の政策を促進するとともに、金融サービスへのアクセス改善などを通じて中小零細企業の設立や成長を奨励する。

8.4 2030年までに、世界の消費と生産における資源効率を漸進的に改善させ、先進国主導の下、持続可能な消費と生産に関する10か年計画枠組みに従い、経済成長と環境悪化の分断を図る。

8.5 2030年までに、若者や障害者を含むすべての男性及び女性の、完全かつ生産的な雇用及び働きがいのある人間らしい仕事、ならびに同一価値の労働についての同一賃金を達成する。

8.6 2020年までに、就労、就学及び職業訓練のいずれも行っていない若者の割合を大幅に減らす。

8.7 強制労働を根絶し、現代の奴隷制、人身売買を終わらせるための緊急かつ効果的な措置の実施、最悪な形態の児童労働の禁止及び撲滅を確保する。2025年までに児童兵士の募集と使用を含むあらゆる形態の児童労働を撲滅する。

8.8 移住労働者、特に女性の移住労働者や不安定な雇用状態にある労働者など、全ての労働者の権利を保護し、安全・安心な労働環境を促進する。

8.9 2030年までに、雇用創出、地方の文化振興・産品販促につながる持続可能な観光業を促進するための政策を立案し実施する。

8.10 国内の金融機関の能力を強化し、全ての人々の銀行取引、保険及び金融サービスへのアクセスを促進・拡大する。

8.a 後発開発途上国への貿易関連技術支援のための拡大統合フレームワーク（EIF）などを通じた支援を含む、開発途上国、特に後発開発途上国に対する貿易のための援助を拡大する。

8.b 2020年までに、若年雇用のための世界的戦略及び国際労働機関（ILO）の仕事に関する世界協定の実施を展開・運用化する。

*国連が英語で発表したSDGsを外務省が仮訳した翻訳文のこと。くわしくは1巻38ページ参照。

SDGsのターゲットは具体的な目標を記したものですが、8.2の「高付加価値セクター」や「労働集約型セクター」などは具体的すぎて、かえってわかりにくくなっています。また、ILO（→p36）はよく聞く国連機関ですが、EIF（→p36）などは、専門家でもなければわからない用語です。じつは、このようなターゲットを読むには覚悟が必要だといえます。それは、「むずかしい言葉におじけづくことなく読んでいき、いちばん重要な部分を見きわめること」。たとえば、8.1では「経済成長を続ける」ことがいちばんいいたいのだと見ぬかなければなりません。8.2の場合は「高い経済生産性を達成する」が、8.3は「中小企業を応援する」が重要。こうしたことがわかれば、そのほかの部分は読みとばしてもかまわないのです。

> ターゲットをむずかしいと敬遠するのではなく、わかるところだけを理解しようとすればいいんだよ。

SDGs目標9「産業と技術革新の基盤をつくろう」

●目標9のターゲット（外務省仮訳）

9.1 全ての人々に安価で公平なアクセスに重点を置いた経済発展と人間の福祉を支援するために、地域・越境インフラを含む質の高い、信頼でき、持続可能かつ強靱（レジリエント）なインフラを開発する。

9.2 包摂的かつ持続可能な産業化を促進し、2030年までに各国の状況に応じて雇用及びGDPに占める産業セクターの割合を大幅に増加させる。後発開発途上国については同割合を倍増させる。

9.3 特に開発途上国における小規模の製造業その他の企業の、安価な資金貸付などの金融サービスやバリューチェーン及び市場への統合へのアクセスを拡大する。

9.4 2030年までに、資源利用効率の向上とクリーン技術及び環境に配慮した技術・産業プロセスの導入拡大を通じたインフラ改良や産業改善により、持続可能性を向上させる。全ての国々は各国の能力に応じた取組を行う。

9.5 2030年までにイノベーションを促進させることや100万人当たりの研究開発従事者数を大幅に増加させ、また官民研究開発の支出を拡大させるなど、開発途上国をはじめとする全ての国々の産業セクターにおける科学研究を促進し、技術能力を向上させる。

9.a アフリカ諸国、後発開発途上国、内陸開発途上国及び小島嶼開発途上国への金融・テクノロジー・技術の支援強化を通じて、開発途上国における持続可能かつ強靱（レジリエント）なインフラ開発を促進する。

9.b 産業の多様化や商品への付加価値創造などに資する政策環境の確保などを通じて、開発途上国の国内における技術開発、研究及びイノベーションを支援する。

9.c 後発開発途上国において情報通信技術へのアクセスを大幅に向上させ、2020年までに普遍的かつ安価なインターネットアクセスを提供できるよう図る。

ターゲットを読みとくコツは、「聞いたことのない用語は気にしないで、いちばんたいせつな部分がどこかを考える」ことです。

たとえば、9.1の場合、「信頼できて、長持ちするインフラをつくる」ことが重要だとわかれば、ほかの部分は読みとばしてもよいのです。また、9.2では、「産業をさかんにすること」がいちばんたいせつな部分であるとわかれば、「雇用及びGDPに占める産業セクターの割合を大幅に増加させる」などは、とてもわかりにくい表現なので、そのくわしい意味までは気にしなくてもかまいません。

なお、「包摂的」「生物多様性」などの漢字の用語や「アクセス」「レジリエント」といったカタカナ語については、シリーズのはじめに説明してあります（→1巻p7）が、それらは、SDGsで重要な用語なので、自分自身でも調べてみるとよいでしょう。

そうはいっても、小学生、とくに学年の低い人にはむずかしいことだよね。それでも、1つずつ、少しずつでも、辞書を引く習慣をつけていってほしいな。SDGsの勉強をすることで、そうした学習習慣がつくのはとてもいいことだよ。

SDGs目標10「人や国の不平等をなくそう」

●目標10のターゲット（外務省仮訳）

10.1 2030年までに、各国の所得下位40%の所得成長率について、国内平均を上回る数値を漸進的に達成し、持続させる。

10.2 2030年までに、年齢、性別、障害、人種、民族、出自、宗教、あるいは経済的地位その他の状況に関わりなく、全ての人々の能力強化及び社会的、経済的及び政治的な包含を促進する。

10.3 差別的な法律、政策及び慣行の撤廃、並びに適切な関連法規、政策、行動の促進などを通じて、機会均等を確保し、成果の不平等を是正する。

10.4 税制、賃金、社会保障政策をはじめとする政策を導入し、平等の拡大を漸進的に達成する。

10.5 世界金融市場と金融機関に対する規制とモニタリングを改善し、こうした規制の実施を強化する。

10.6 地球規模の国際経済・金融制度の意思決定における開発途上国の参加や発言力を拡大させることにより、より効果的で信用力があり、説明責任のある正当な制度を実現する。

10.7 計画に基づき良く管理された移民政策の実施などを通じて、秩序のとれた、安全で規則的かつ責任ある移住や流動性を促進する。

10.a 世界貿易機関（WTO）協定に従い、開発途上国、特に後発開発途上国に対する特別かつ異なる待遇の原則を実施する。

10.b 各国の国家計画やプログラムに従って、後発開発途上国、アフリカ諸国、小島嶼開発途上国及び内陸開発途上国を始めとする、ニーズが最も大きい国々への、政府開発援助（ODA）及び海外直接投資を含む資金の流入を促進する。

10.c 2030年までに、移住労働者による送金コストを3%未満に引き下げ、コストが5%を越える送金経路を撤廃する。

現在の世界では、人びとも国ぐにも不平等な状態にあります。人の場合、年齢、性別、障がいのある・なし、人種や民族、出自（生まれ、出どころ）、宗教などあらゆる要因により、権利や豊かさに不平等が見られます。また、国どうしを見ても、貧富の差が大きくあります。

そうした状態をなくして、すべての人びと、すべての国ぐにが平等になるにはどうしたらよいか？　それを示したのが、左の10個のターゲットです。10.1は、それぞれの国の貧しい人たちの所得を増やしていくスピードを、その国の平均よりはやくしようという目標です。10.3には、不平等をなくす上でさまたげになっている法律や制度をなくそうという目標がかかげられています。10.4は、平等を実現する税や社会保障のしくみをつくろうといっているのです。

国家間の不平等をなくすための具体的目標は、番号にアルファベットのついたターゲットに書かれています。

なお、10個のなかでもとくに10.3に示された「機会の均等」と「成果の不平等」は、平等の実現を考える上でとても重要な言葉なので、36ページの用語解説にのせてあります。

開発途上国インドネシアのコーヒー農園の労働者。この農園のコーヒー豆は、貿易のしくみを公平・公正にする取り組み「フェアトレード」で輸出される。

©Rosa Panggabean

12 つくる責任 つかう責任

SDGs目標12「つくる責任つかう責任」

●目標12のターゲット（外務省仮訳）

12.1 開発途上国の開発状況や能力を勘案しつつ、持続可能な消費と生産に関する10年計画枠組み（10YFP）を実施し、先進国主導の下、全ての国々が対策を講じる。

12.2 2030年までに天然資源の持続可能な管理及び効率的な利用を達成する。

12.3 2030年までに小売・消費レベルにおける世界全体の一人当たりの食料の廃棄を半減させ、収穫後損失などの生産・サプライチェーンにおける食料の損失を減少させる。

12.4 2020年までに、合意された国際的な枠組みに従い、製品ライフサイクルを通じ、環境上適正な化学物質や全ての廃棄物の管理を実現し、人の健康や環境への悪影響を最小化するため、化学物質や廃棄物の大気、水、土壌への放出を大幅に削減する。

12.5 2030年までに、廃棄物の発生防止、削減、再生利用及び再利用により、廃棄物の発生を大幅に削減する。

12.6 特に大企業や多国籍企業などの企業に対し、持続可能な取り組みを導入し、持続可能性に関する情報を定期報告に盛り込むよう奨励する。

12.7 国内の政策や優先事項に従って持続可能な公共調達の慣行を促進する。

12.8 2030年までに、人々があらゆる場所において、持続可能な開発及び自然と調和したライフスタイルに関する情報と意識を持つようにする。

12.a 開発途上国に対し、より持続可能な消費・生産形態の促進のための科学的・技術的能力の強化を支援する。

12.b 雇用創出、地方の文化振興・産品販促につながる持続可能な観光業に対して持続可能な開発がもたらす影響を測定する手法を開発・導入する。

12.c 開発途上国の特別なニーズや状況を十分考慮し、貧困層やコミュニティを保護する形で開発に関する悪影響を最小限に留めつつ、税制改正や、有害な補助金が存在する場合はその環境への影響を考慮してその段階的廃止などを通じ、各国の状況に応じて、市場のひずみを除去することで、浪費的な消費を奨励する、化石燃料に対する非効率な補助金を合理化する。

「食べ残しをやめよう」とよくいわれますが、このことは、国連が発表したSDGsの具体的目標、すなわちターゲットにも書かれています。12.3のなかの「食料の廃棄を半減させ」の部分です。また、このターゲットのなかの「収穫後損失などの〜食料の損失を減少させる」は、畑でとれた野菜などが家庭にどどく途中で、くさったり傷ついたりしてすてられてしまうことをふせごうといっているのです。

このように、左に示すターゲットには、じつは身近なことが多く記されているのですが、この「外務省仮訳」では、むずかしい言葉が多くつかわれているので、みんなにはわかりにくくなっているのです。それでも、しっかり読めば、「化学物質や廃棄物の大気、水、土壌への放出を大幅に削減する」が「化学物質やごみをすてるな」といっているのだとわかるはずです。

なお、「10YFP（→p36）」や「サプライチェーン（→p36）」といった言葉は、自分自身で辞書やインターネットで調べてみると、ターゲットがよりよくわかるはずです。

> このシリーズもこの巻が最後！
> だから、とかくむずかしいといわれるターゲットに対し、どう取り組めばいいかがあらためて書いてあるんだよ。30〜33ページに書いてあるターゲットを読むコツを、身につけていってね。

2 #をつけて投稿！SDGsタギング実例

SDGsタギングでは、SDGsの取り組み（対象物）に # とキーワードをつけてインスタグラムやツイッターなどのSNSに投稿するという方法があることを、11ページで紹介しました。ここで、あらためてどんなやり方なのかを、SDGs全国子どもポスターコンクール（→2巻p10）のタギング部門のようすから見てみましょう。

ポスターコンクールのタギング部門

SNSをつかい、 # をつけて投稿するだけで気軽に参加できるのが、このコンクールです。

ステップ1 コンクールが公開しているインスタグラムもしくはツイッターなどの公式アカウント（SDGs全国子どもポスターコンクールの場合は、@cu_kunitachi）を「フォロー（→p36）」する。

ステップ2 作品を投稿するときに、 # と、コンクールの応募方法で指定された応募用キーワード（SDGs全国子どもポスターコンクールの場合は、「＃私たちのまちのSDGs」と「＃目標○」）をつけて投稿する。ほかのキーワードもいっしょに投稿したり、なぜその対象物を選んだのかといった説明をつけて投稿したりすることも可能。

このポスターコンクールの目的は、SDGsをひろめること。だから、より多くの人にひろめられるSNSを利用した「タギング部門」を設けているんだよ。

2022年のSDGs全国子どもポスターコンクールの告知用ポスター。SDGsタギングコンクールが同時開催され、たくさんの作品が投稿された。

同時開催！

SDGsタギングコンクール

街中で見つけたSDGsを写真にとって投稿！お店や会社などのSDGsの良い取り組みを探してみてください。

認知度をひろげる効果

SNSの投稿は、フォロワー（投稿をフォローしている人）が多いほど、たくさんの人にとどけられます。たとえば、フォロワーが10人いる人が10人参加すると、少なくとも10×10＝100人の人たちがコンクールの投稿を見られることになります。フォロワーが増えていくことで、コンクールに関心をもつ人がひろがっていきます。ひいては、SDGsに興味をもつ人がどんどん増えていくというわけです。

下は、実際の応募作品です。

●海外からの投稿

まちで農家が作物を売れるようにサポートする取り組み
Support local farmers UNSDGs#8
#私たちのまちのSDGs
#目標8
#unsdgs
64週間前

Go Mama Jo!!
64週間前 返信

その他が「いいね！」しました
9月14, 2021

コメントを追加...

国内だけでなく、世界じゅうのどこからでも投稿することができる。

#私たちのまちのSDGs
#目標8
#unsdgs

をつけたキーワードをつけることで、フォロワーでない人からも、投稿を見てもらいやすくなるんだ。

●一人でたくさんの作品を投稿

#スカウトの日 × #私たちのまちのsdgs

#目標13
●身近な車がかわると、気候変動についての関心も高まる
●屋根の上の太陽光発電パネル。自然を壊したり空気を汚すことのない発電の方法だからもっと増えればいいな
●小学校にゴーヤの棚が日よけがしてあった。
公園内の電灯をLEDに換えることで電気消費量が減り二酸化炭素の削減に繋がる

編集済み・64週間前

その他が「いいね！」しました
9月13, 2021

コメントを追加...

#スカウトの日
#私たちのまちのSDGs
#目標13

SNSを活用するとSDGsの取り組みを見つけたときにすぐに投稿できる。

●投稿をしてもらう

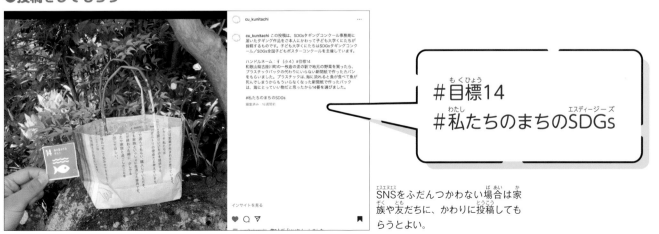

cu_kunitachi

cu_kunitachi この投稿は、SDGsタギングコンクール事務局に届いたタギング作品をご本人にかわって子ども大学くにたちが投稿するものです。子ども大学くにたちはSDGsタギングコンクール/SDGs全国子どもポスターコンクールを主催しています。

ハンドルネーム：（小4）#目標14
和歌山県古座川町の一枚岩の道の駅で地元の野菜を買ったら、プラスチックパックの代わりにいらない新聞紙で作ったカバンをもらいました。プラスチックは、海に流れると魚が食べて魚が死んでしまうからもういらなくなった新聞紙で作ったパックは、海にとっていい物と思ったから14番を選びました。

#私たちのまちのSDGs
編集済み・18週間前

インサイトを見る

#目標14
#私たちのまちのSDGs

SNSをふだんつかわない場合は家族や友だちに、かわりに投稿してもらうとよい。

●用語解説

ILOは International Labour Organization の略称。1919年に創設された、労働条件や労働者の生活の改善を目的とした国際的な機関。1946年に国連の最初の専門機関となった。すべての人のディーセント・ワーク（働きがいのある人間らしい仕事）の実現をめざして、労働基準の設定や見直しをおこなっている。

Enhanced Integrated Framework の略称。開発途上国のなかでもとくに開発がおくれている、後発開発途上国に対して、貿易に関する支援をおこなう国際的な枠組みのこと。

英語の Social Networking Service の頭文字をとったもので、登録した個人どうしが交流できるインターネット上のサービス（サイト）のこと。ツイッターやフェイスブック、インスタグラム、ラインなど。

目標10のターゲット10.3にある「機会の均等」とは、だれにでも同じ機会（チャンス）があたえられるということを意味している。これとよく混同されるのが「結果の平等」で、だれにでも同じ結果があたえられることをさす。政策においては結果平等ではなく、機会均等を求めることを基本方針とする場合が多い。

商品や製品などのモノをつくりはじめる段階から売るまでの一連の流れのこと。ある商品の原材料や部品の調達から、製造、在庫管理、配送、販売、消費にいたるまでの全体の流れをさしている。「供給連鎖」ともいわれる。

「不平等」とは、本来は平等であるべきことがそうでないために格差が生じていること。女性、子ども、障がい者、高齢者などの社会的に弱い立場にある人たちには、同じ機会があたえられていたとしても、じゅうぶんな成果を受け取ることができない場合がある。ターゲット10.3では、このような不平等を減らしていくことをめざしている。

教育、学術、文化に関する基本的な重要施策について、調査や審議をおこなうために、文部科学省に設置された機関。学識経験者のうち、文部科学大臣が任命する30人以内の委員で構成される。

10-year framework of programmes on sustainable consumption and production patterns の略称。日本語で「持続可能な消費と生産に関する10年計画枠組み」のこと。2012年、ブラジルのリオデジャネイロで開催されたリオ＋20（国連持続可能な開発会議）にて、当時の国連加盟国によって採択された、目標12に関連した国際的な枠組み。各国からの拠出金で設立された基金を通じて、持続可能な生産・消費をめざすことを目的としている。

英語ではFair Tradeと書き、「公正な貿易」を意味する。開発途上国で生産・加工される食べ物などを、適正な価格で継続的に買うことで、立場の弱い開発途上国の人びとの生活改善と自立をめざす貿易のしくみ。

インスタグラムやツイッターなどのSNSで、ある利用者が投稿や更新をおこなうとすぐにわかるように、その利用者を登録して、自分のページに表示されるようにすることを「フォロー」するという。自分のことをフォローしている利用者のことをさして、「フォロワー」とよぶ。

包みこむこと。inclusiveの日本語訳。対義語のexclusiveは日本語で「排他的」を意味する。「包摂的」はSDGsの原則の１つで、「だれ一人取り残さない」というキーワードで表現されている。そのなかには、子ども、若者、障がい者、エイズとともに生きる人びと、高齢者、先住民、難民、国内避難民、移民など、あらゆる立場の人たちがふくまれる。また、「包摂的」という言葉はSDGsの目標４、８、９、11、16の５つに出てくる。

●さくいん

シリーズ全5巻の執筆を終えて

　ぼくは、このシリーズの「はじめに」に、「SDGsをより深く学び、そして、みんなでひろめていくための『SDGsワークショップ』を（中略）実践してきました」と書きました。実際、折り紙でG'sくんやサッカーボールをつくったり（→1巻）、この5巻で見たSDGsタギングをやったり……。シリーズのなかに登場するたくさんの写真の多くが、ぼく自身で撮影したものです。

　いっぽう、SDGsをひろめようとするこうした活動を調べてみると、全国でいろいろとおこなわれていること、とくにポスターや絵手紙、新聞などのコンクールが各地で開催され、全国からたくさんの人が参加していることがわかりました。そこで、そうした活動のようすを、このシリーズのなかで写真をまじえて紹介させていただきました。

　大阪府いずみ市民生活協同組合のSDGsかるた無償配布の活動や、山梨県北杜市の平山郁夫シルクロード美術館の「わたしのSDGs」をテーマにした絵手紙コンクールなどは、シリーズ3巻をつくった目的とぴったり一致します。このように、ぼくは、全国に同じように考える人たちがいることを知って、たいへん心強く思いました。何より、このシリーズもきっと多くの人に読まれ、その人たちがSDGsの普及をどんどん進めていってくれるだろうと、期待をふくらませています。

　さて、最後に読者のみなさんには、いい訳をさせてください。というのは、このシリーズは、ぼくの思いが強く、複雑なつくりになってしまっていることです。その思いとは、もちろん、SDGsの普及です。このため、この本は、折り紙づくりのノウハウとか、ポスターのかき方、絵手紙・かるたをつくるコツといった、シンプルなものにはなっていません。ポスターの場合、じょうずにえがく以上にポスターをつくる過程が重要だといったことに多くの紙面をつかっているのです。

　さらに、SDGsを普及するのは何のためか、そもそもSDGsの17個の目標（最終目標）がどういうもので、169個の具体的目標は？　などなど、SDGsの基礎知識の記述に相当な紙面をついやしました。その上、この巻では、SDGsを普及する活動が学校の教育活動とどう関係するかについても記しました。なぜなら、SDGsの普及が、みんなの学習に役立つことだと理解してもらいたいからです。そのため、この巻では、いま学校でさかんにおこなわれているアクティブ・ラーニング（→p20）とキャリア教育（→p26）についてくわしく書きました。

　このように、このシリーズでは、たくさんの要素といろいろな視点からの記述を一体化させて記したことから、複雑な紙面展開になっているわけです。

　この点はゆるしていただきたいのですが、少しでも、シリーズの構成をわかりやすくしたいと思い、また、関連する事項を複数の巻であわせて読んでいただきたいと願って、右ページにシリーズ全巻のもくじを示し、それがどんな役割をするかを示しておきます。どうぞ、参考にしてください。

　以上、本シリーズを読んでくださったみなさん、また、資料・情報を提供してくださった全国のみなさん、ありがとうございました。

　最後にひと言、SDGsの目標達成に向けて、できることをやっていきましょう。ぼくもできることをがんばってやるつもりです。

2023年2月

子どもジャーナリスト
Journalist for Children　稲葉茂勝

全巻もくじ一覧と役割

●著
稲葉茂勝（いなばしげかつ）
1953年東京生まれ。大阪外国語大学・東京外国語大学卒業。国際理解教育学会会員。2021年度までに編集者として1400冊以上の書籍を担当。自著も100冊以上。近年、子どもジャーナリスト（Journalist for Children）として活動。2019年にSDGsとアクティブラーニングをカリキュラムの基軸に据えたNPO法人子ども大学くにたちを設立し、同理事長に就任して以来「SDGs子ども大学運動」を展開。講演会やワークショップ多数実施。SDGsに関する著書に、「SDGsのきほん 未来のための17の目標」シリーズ、『これならわかる！SDGsのターゲット169徹底解説』（いずれもポプラ社）、『教科で学ぶSDGs学』『G'sくんといっしょにSDGs』（いずれも今人舎）、「食卓からSDGsをかんがえよう！」シリーズ（岩崎書店）、『SDGsがより深くわかる！ 国連ファミリー・パーフェクトガイド』（新日本出版社）、「子ども大学で考えるSDGs」シリーズ（フレーベル館）などがある。その他の著書に、「みんなが元気になる　たのしい！　アクティブ・ラーニング」シリーズ（フレーベル館）、「シリーズ・『変わる！　キャリア教育』」全3巻（ミネルヴァ書房）など、教育書も多い。

●編さん
こどもくらぶ（二宮祐子・中嶋舞子・成田夏人）
編集プロダクションとして、主に児童書の企画・編集・制作をおこなう。全国の学校図書館・公共図書館に多数の作品が所蔵されている。

※ターゲットの「外務省仮訳」出典：
　https://www.mofa.go.jp/mofaj/gaiko/oda/sdgs/statistics/index.html
※子どもたちの作品に付した地域・学校名・学年表記は、制作当時のもの。

●G'sくん開発
稲葉茂勝
（制作・子ども大学くにたち事務局）

●装丁・デザイン
矢野瑛子（こどもくらぶ）

●DTP
長江知子（こどもくらぶ）

●写真協力
Graphs / PIXTA(ピクスタ) (p8)
国立市立国立第三小学校 (p12-18)
Fast&Slow / PIXTA(ピクスタ) (p26)
東京新聞 (p29)
まちゃー / PIXTA(ピクスタ) (p31)
認定NPO法人フェアトレード・ラベル・ジャパン (p32)
Kana Design Image- stock.adobe.com (p33)

●取材・撮影協力
あひるの家
NPO法人こどもの城合唱団
ジュエリーハッセキ
バーン・キーラオ
ムサシ楽器

教室でチャレンジ！ SDGsワークショップ　⑤SDGsタギングに挑戦 さがそう！身近なSDGs　　　N.D.C.319

2023年4月　　第1刷発行

著　　　　稲葉茂勝
発行者　　千葉 均　　編集　原田哲郎
発行所　　株式会社ポプラ社
　　　　　〒102-8519　東京都千代田区麹町4-2-6
　　　　　ホームページ　www.poplar.co.jp（ポプラ社）
　　　　　　　　　　　　kodomottolab.poplar.co.jp（こどもっとラボ）
印刷・製本　大日本印刷株式会社

39p 29cm
ISBN978-4-591-17650-4

教室でチャレンジ！
SDGs
ワークショップ

全5巻

① はじめてのSDGs 折り紙からはじめよう

② SDGsポスターをかこう（監修／小石新八）

③ SDGs絵手紙・かるたをつくろう

④ SDGs新聞をつくろう（監修／竹泉 稔）

⑤ SDGsタギングに挑戦 さがそう！身近なSDGs

著／稲葉茂勝

小学校中学年〜高学年向き
N.D.C.319　各39ページ
A4変型判　　オールカラー
図書館用特別堅牢製本図書

全巻さくいん

❶❷❸❹❺は巻数を示す。